1,000,000 Books

are available to read at

www.ForgottenBooks.com

Read online
Download PDF
Purchase in print

ISBN 978-1-332-62829-2
PIBN 10323322

This book is a reproduction of an important historical work. Forgotten Books uses state-of-the-art technology to digitally reconstruct the work, preserving the original format whilst repairing imperfections present in the aged copy. In rare cases, an imperfection in the original, such as a blemish or missing page, may be replicated in our edition. We do, however, repair the vast majority of imperfections successfully; any imperfections that remain are intentionally left to preserve the state of such historical works.

Forgotten Books is a registered trademark of FB &c Ltd.
Copyright © 2018 FB &c Ltd.
FB &c Ltd, Dalton House, 60 Windsor Avenue, London, SW19 2RR.
Company number 08720141. Registered in England and Wales.

For support please visit www.forgottenbooks.com

1 MONTH OF FREE READING

at

www.ForgottenBooks.com

By purchasing this book you are eligible for one month membership to ForgottenBooks.com, giving you unlimited access to our entire collection of over 1,000,000 titles via our web site and mobile apps.

To claim your free month visit:

www.forgottenbooks.com/free323322

* Offer is valid for 45 days from date of purchase. Terms and conditions apply.

English
Français
Deutsche
Italiano
Español
Português

www.forgottenbooks.com

Mythology Photography **Fiction** Fishing Christianity **Art** Cooking Essays **Buddhism** Freemasonry Medicine **Biology** Music **Ancient Egypt** Evolution Carpentry Physics Dance Geology **Mathematics** Fitness Shakespeare **Folklore** Yoga Marketing **Confidence** Immortality Biographies Poetry **Psychology** Witchcraft Electronics Chemistry History **Law** Accounting **Philosophy** Anthropology Alchemy Drama Quantum Mechanics Atheism Sexual Health **Ancient History Entrepreneurship** Languages Sport Paleontology Needlework Islam **Metaphysics** Investment Archaeology Parenting Statistics Criminology **Motivational**

SCHRIFTEN DER „GESELLSCHAFT ZUR FÖRDERUNG
DER WISSENSCHAFT DES JUDENTUMS".

ETHIK
UND
Religionsphilosophie

in ihrem Zusammenhange.

Von

Professor Dr. **Hermann Cohen**

Geh. Reg.-Rat.

SCHRIFTEN DER „GESELLSCHAFT ZUR FÖRDERUNG DER WISSENSCHAFT DES JUDENTUMS".

ETHIK
UND
Religionsphilosophie
in ihrem Zusammenhange.

Von

Professor Dr. **Hermann Cohen** ·
Geh. Reg.-Rat.

BERLIN. ·

Druck von Adolf Alkalaý & Sohn, Pressburg.
1904.

Die moderne Religiosität hat ihren Schwerpunkt in die Sittlichkeit gelegt. Das bekannteste Symptom dafür ist das Wort vom praktischen Christentum, welches Bismarck geprägt, oder wenigstens genehmigt hat. Dass dieses praktische Christentum, sofern es die sozialen Einrichtungen zur Hauptsache macht, im Wesentlichen praktisches Judenum ist, das ist nicht erkannt, oder wird verkannt. Daher entsteht durch diese Hervorkehrung des Sittlichen dem Judentum zunächst noch ein grösserer Schaden als durch die des dogmatischen Christentums.

Und der Schaden wird noch grösser dadurch, dass diese sittliche Richtung innerhalb des Christentums auch durch diejenigen christlichen Kreise unterstützt wird, welche vom Christentum selbst sich lossagen. Auch sie unterscheiden vom Christentum der Kirche die Lehre Jesu, in welcher sie eine reine Sittlichkeit anerkennen, derentwegen auch sie das im Übrigen abgelehnte Christentum dennoch über das Judentum stellen.

Innerhalb der modernen Judenheit ist seit Jahrzehnten dieselbe Tendenz zur Hervorkehrung des sittlichen Gehaltes der jüdischen Religion vorherrschend. Da nun aber der Begriff der Sittlichkeit nicht lediglich auf das Praktische beschränkt werden kann, dieweil eben die Sittlichkeit ein Problem der Ethik, also der Philosophie bildet, so sind Schwierigkeiten dabei unvermeidlich, welche das Judentum nach den angedeuteten Momenten schwerer treffen müssen als das Christentum.

Denn wenn der Wert der Religion lediglich in Demjenigen liegt, was die allgemeine Bildung unter Sittlichkeit zu verstehen pflegt, so verlohnt es sich ja eigentlich nicht, schwere politische Konflikte und persönliche Martyrien darum zu bestehen. Dass die Religionen aber ausser dem, was sie in der Sittenlehre gemeinsam haben, tiefe Differenzen in sich bergen, welche für den Gehalt, für die Begründung und für die Ausführung der Sittenlehre von Belang sind, das wird gemeinhin nicht eingesehen. D i e s e D i f f e r e n - z e n l i e g e n i n d e r G o t t e s i d e e.

Das Judentum kann nicht gewürdigt werden nach der Bedeutung, welche es für die Kultur hat und behält, wenn ausschliesslich auf den äussern Inhalt der Sittenlehre geachtet; wenn der Zusammenhang der Sittenlehre mit der Gottesidee in den Hintergrund gerückt wird. Das undogmatische Christentum gewinnt dabei; das ethische Judentum dagegen verliert seinen Schwerpunkt, und verliert die Grundlage, auf der das Eigentümliche seiner Sittenlehre ruht.

Solche Erwägungen haben uns zu dem Gedanken geführt, diesem Missstande in unserer religiösen Lage auf den Grund zu gehen; und als dieser Grund hat sich die Ausbildung unserer Theologen erwiesen. Sie empfangen ihren philosophischen Unterricht an den Universitäten, an welchen das Judentum nur polemisch berücksichtigt wird. So heilsam für die allgemeine Unbefangenheit und Kritik eine solche Schule sein mag, so muss ihr doch ein Gegengewicht geboten werden, damit sie nicht einseitig wirke, oder gar skeptisch mache.

Und so wurden wir zu der Frage geführt, wie es mit dem philosophischen Unterricht an unseren jüdisch-theologischen Lehranstalten bestellt sei, und zu dem Antrage auf »die Errichtung von Lehrstühlen für Ethik und Religionsphilosophie an den jüdisch-theologischen Lehranstalten«, über die wir am Vormittage des 6. Januar 1904 in der Mitgliederversammlung der »Gesellschaft zur Förderung der Wissenschaft des Judentums« referirt haben.

Dem Titel unseres Antrages könnte vor Allem die Frage entgegentreten, wie denn in aller Welt es zu verstehen sei, dass für Ethik und Religionsphilosophie an den jüdisch-theologischen Lehranstalten erst Lehrstühle zu errichten seien; kann man es sich doch gar nicht vorstellen, dass sie derselben bisher entbehren konnten. So richtig der Einwand ist, so muss dennoch das leidige Factum eingeräumt werden; die Tatsache dieses grossen Mangels, dieser breiten Lücke.

Die Erklärung dieses Tatbestandes führt uns sogleich hinein in die innersten Fragen über die Entwickelung unserer Religionswissenschaft in den neueren Zeiten. Zunächst jedoch sei auf ein engeres Moment hingewiesen, welches indessen auch wieder mit centralen Fragen der wissenschaftlichen Methodik zusammenhängt. Man meint gewöhnlich, das 19. Jahrhundert sei durch den Aufschwung der Naturwissenschaften charakterisirt. Das ist ein einseitiges Urteil; noch hervorstechender ist in ihm die Richtung auf die Geschichte, die sich für alle Probleme seither eröffnet; und das Streben, in allen Wissenschaften die dogmatischen, sachlichen Probleme mit den geschichtlichen in eine genaue innere Verbindung zu bringen.

So ist die Wissenschaft des Judentums durch Zunz und Rapoport zunächst als jüdische Altertumswissenschaft begründet worden. Und die tiefe Bewegung, welche von diesen grossen Pfadfindern ausgegangen ist, hat sich auf alle Fragen der jüdischen Geschichte erstreckt; auf die Geschichte der Juden, der jüdischen Literatur und innerhalb dieser auch auf die der jüdischen Philosophie. Die Blütezeit der jüdischen Philosophie aber gehört der arabisch-spanischen Periode an. Und da die Autoren jenes Zeitalters vorwiegend in der arabischen Sprache ihre religionsphilosophischen Werke verfassten, so war die Notwendigkeit gegeben, den Lehrvortrag in [diesem Gebiete Arabisten allein anzuvertrauen, welche sich von den hebräischen Uebersetzungen dieser Werke unabhängig zu machen vermögen.

Es ist Grosses und Wichtiges aus dieser Combination hervorgegangen; die Notlage hat sich als eine Quelle von Einsichten erwiesen, welche der allgemeinen Geschichte der Philosophie nicht minder förderlich geworden sind, wie der speciellen jüdischen. Munk hat nachweisen können, dass Avicebron, den man für einen mohamedanischen Araber gehalten hat, kein Anderer ist als unser Salomo Ibn Gabirol. Und er hat das Grundwerk der jüdischen Philosophie, den More, aus seinem arabischen Texte ins Französische übersetzt, und mit einem lichtvollen, sachlichen Commentare versehen. Joël ist auf dieser Bahn, zwar nicht als Herausgeber von Texten, aber als Historiker der Philosophie weiter geschritten, und er hat die inneren Zusammenhänge aufgehellt, welche Spinoza mit Chasdai Crescas verknüpfen.

Es sei genug an diesen Beispielen, um es ausser Frage zu stellen, dass die Verbindung der jüdischen Philosophie mit ihrer Geschichte notwendig war; und dass diese Notwendigkeit gesteigert wurde durch den Umstand, dass der Historiker hier zugleich der Arabist sein musste. Wenn man allenfalls annehmen durfte, dass der Historiker der jüdischen Philosophie das Hebräische ebenso wie die klassischen Sprachen beherrschen werde, so wurde diese Annahme für das Arabische zu einer neuen Schwierigkeit. Die Verbindung aber zwischen der jüdischen Philosophie und ihrer Geschichte sollte durchaus aufrecht erhalten bleiben. Man wollte lieber auf einen systematischen Lehrvortrag in Ethik und Religionsphilosophie verzichten als auf eine genaue Verbindung der Dogmatik mit ihrer Geschichte; man glaubte sogar die Begründung des Lehrgehalts in der Geschichte und Literatur dieser Quellen vorzugsweise suchen zu müssen. So ist es gekommen, dass der Schwerpunkt des philosophischen Unterrichts in die Geschichte der Religionsphilosophie gelegt wurde.

Es ist dies nicht der einzige Grund; aber bevor wir zur Betrachtung eines andern, tiefer liegenden Grundes übergehen, sei vor Allem einem möglichen Missverständniss vorgebeugt. Wenn wir hier für die Verlegung des Schwerpunktes von der Geschichte in die Systematik eintreten, so soll keineswegs damit ein Gegensatz gegen das historische Studium betont werden. Vielmehr ist es auf allen Gebieten der Philosophie unsere Ansicht, dass nur durch die innerlichste Verbindung mit der Geschichte die Erörterung der sachlichen Probleme gefördert werden kann; allerdings andererseits aber auch, dass die geschichtliche Forschung durch das innerliche Verhältniss zu den sachlichen, zu den systematischen Problemen lebendig und fruchtbar gemacht werden muss.

Man muss in eigener Arbeit des Denkens, im eigenen Ringen um die Probleme das rechte Kraftgefühl nicht nur für die entscheidenden Begriffe, sondern auch für die Wendungen erlangen, in denen diese Begriffe zu einer neuen Bedeutung und Praegnanz kommen, um sie bei der ähnlichen Gedankenarbeit in den alten Autoren wiederzuerkennen. Hier ist die feinste Diagnostik die notwendige, wenngleich precäre Voraussetzung. Dennoch aber wird sie durch die Versenkung in die Autoren geschärft; und die Schwierigkeit der Voraussetzung dadurch von Schritt zu Schritt erleichtert.

Andererseits aber ist es ebenso unbedingt zur Forderung zu machen, dass der selbständige Denker, der einen eigenen Bau des Systems anstrebt, sich mit dem Pulsschlage der Geschichte in Einklang setze. Es giebt keine Originalität, die nicht in einem genauen Zusammenhange mit der Geschichte stände. Wenn daher hier für den systematischen Lehrvortrag von Ethik und Religionsphilosophie plädirt wird, so soll damit durchaus nicht das Band gelockert werden, welches die Systematik der Philosophie überhaupt mit der Geschichte der Philosophie verknüpft. Nur soll der Meinung entgegengetreten werden, dass es der richtige Weg sei, den systematischen Lehrvortrag auf den geschichtlichen zu begründen; und dass für beide Aufgaben, insbesondere angesichts der Complication mit dem Arabisten, die Eine philologische Kraft ausreichend sei.

Jetzt können wir aber nach dem andern Grunde uns umschauen, der die bisherige Praxis tiefer erklären dürfte. Wir möchten hier an eine andere Frage anknüpfen, die auch zunächst sehr sonderbar scheinen muss. Man weiss dass die jüdisch-theologischen Lehranstalten, wie sie in der zweiten Hälfte des vorigen Jahrhunderts entstanden, auf Legaten und freiwilligen Zuwendungen beruhen. Wie ist es denn aber zu verstehen, dass die Gemeinden sich der Errichtung und Pflege dieser Anstalten entziehen konnten? War doch damit ihre innere Existenz aufs Spiel gesetzt; woher sollten sie ihre Rabbiner beziehen, wenn die Lehranstalten fehlten, welche die Ausbildung der Theologen zur Aufgabe haben? Und abgesehen von dem geistlichen Dienste hat das Judentum zu allen Zeiten in der Wissenschaft sein inneres Leben geführt; in ihr die fruchtbare Quelle seines Fortbestandes erkannt; sie daher angelegentlich im Fluss erhalten. Wie ist es da zu verstehen, dass die Gemeinden trotz aller ihrer schweren Obliegenheiten es nicht als ihre vornehmste Aufgabe betrachteten, für Pflanzstätten der Wissenschaft Sorge zu tragen?

Aus dem Schein des Widerspruchs, der hier gegenüber dem allgemeinen Charakter des Judentums sich auftut, ergiebt sich seine Lösung; und damit zugleich die Antwort auf unsere Frage. **Es besteht im Judentum ursprünglich und an sich gar kein Unterschied zwischen Leben und Lehre.** Erst die Wucht der neueren Kultur hat auch hier den nicht unzweideutigen Segen der Teilung der Arbeit heraufgeführt. So ist es gekommen, dass seit wir durch Mendelssohn der vaterländischen und der allgemeinen Kultur zugeführt worden sind, das gründliche Studium der jüdischen Literatur unter uns sich besonders extensiv vermindert hat. Die frühere Einseitigkeit machte das Bekenntniss und die Wissenschaft desselben zu einer Art von Identität.

Für die Wissenschaft des Judentums brauchten die Gemeinden daher nicht besonders zu sorgen; wenn sie nur für den Gottesdienst sorgten. Gottesdienst ohne das ausgebreitete tiefgründige Studium der Thora war principiell undenkbar. Nur Unterschiede der geistigen Capacität konnten eine Trennung von Gottesdienst und Thorastudium entschuldbar erscheinen lassen; die socialen Differenzen vermochten einen solchen Unterschied nicht allgemein auszuprägen; denn der Hausirjude konnte ein sehr grosser Gelehrter sein.

Daher wurden die Rabbinatsstühle zugleich die Mittelpunkte des religionswissenschaftlichen Lehramts. Und wie man berühmter Lehrer wegen die Universitäten aufsucht, so schaarten sich Hunderte um die grossen Rabbiner, welche als solche Lehrer, und auf Grund ihrer Autorität als Forscher und Lehrer, an grosse Rabbinatssitze berufen wurden. So war von Anfang an der Rabbiner nicht allein der Seelsorger seiner Gemeinde, sondern der Vorsteher des Lehrsitzes (Jeschiba). **Der Rabbiner war der Gelehrte der Wissenschaft des Judentums.**

Als nun aber in der neuern Zeit neue Ansprüche an den Rabbiner herantraten, welche im Allgemeinen nicht mehr von einer noch so universellen Persönlichkeit zu befriedigen waren; als die wissenschaftliche Forschung zur Specialisirung der Lehraufgaben hinführte, da erst trat die neue Aufgabe für das Judentum hervor, in diesem verzweigten Sinne für die Wissenschaft die Sorge auf sich zu nehmen. Und jetzt stehen wir wieder vor der Frage: **weswegen man nicht auf besondere Lehrstellen für die Dogmatik und die Ethik des Judentums Bedacht genommen hat?**

Es ist hiermit gegangen, wie mit dem Verhalten der Religion zur Wissenschaft überhaupt. Man hat dieses Verhältniss zwischen der Religion und ihrer Systematik für eine gesicherte, unbestreitbare, unzweifelhafte Tatsache gehalten. **Den Bekenner des Judentums durchglüht die Ueberzeugung, dass seine Glaubenslehre seine Sittenlehre, und seine Sittenlehre seine Glaubenslehre ist.** Die Ceremonien bilden keine Instanz dagegen; sie gehören der angewandten Sittenlehre an; sie sollen der Befestigung in der Sittlichkeit dienen. Das ist der Sinn und Zweck alles Gottesdienstes. So werden sie aufgefasst; auch wo sie in ihrer Ausdehnung bestritten werden.

Wie man nun erst in neueren Zeiten einen besondern Religionsunterricht einführte, welcher die Grundlehren des Glaubens und der Sittlichkeit zusammenhängend darstellt, so meinte man der modernen Pädagogik allenfalls dieses Zugeständniss machen zu sollen. Wer dagegen dem Studium der Religionsquellen obliegt, dem tritt der strenge und schlichte Zusammenhang dieser Lehren so zwingend und so einleuchtend entgegen, dass es Eulen nach Athen zu tragen schien, wenn man die Entwickelung und die Begründung dieses Zusammenhangs zu einer besondern Lehraufgabe machen wollte. Man denke nur an das bekannte, bezeichnende Wort, welches die jüdische Aufklärung zu einem geflügelten machte, dass wir gar keine Dogmen haben. Das aber ist ein sehr zweifelhafter Vorzug. Dogmen sind Lehrbegriffe; und wenn es einem Lehrgebäude an constructiven Lehrbegriffen gebricht, so entbehrt es des methodischen Fundamentes.

Hier liegt der eigentliche Grund für die Benachteiligung, welche die Philosophie in der Wissenschaft des Judentums in neueren Zeiten erlitten hat. »Die Offenbarung nach dem Lehrbegriffe der Synagoge« von S. L. Steinheim ist in vier Bänden von 1835—1865 erschienen. Die »Religionsphilosophie der Juden« von Samuel Hirsch 1842. Und sie sollte nur der erste Band sein; als Gesammttitel war vorgedruckt: »das System der religiösen Anschauung der Juden und sein Verhältniss zum Heidentum, Christentum und zur absoluten Philosophie«. Das Jahr 1841 hatte von Formstecher das Werk gebracht, dessen Titel ebenfalls bedeutsam ist: »Die Religion des Geistes, eine wissenschaftliche Darstellung des Judentums nach seinem Charakter, Entwickelungsgange und Berufe in der Menschheit«. Das sind nicht bloss pomphafte Titel; sondern darin spricht sich ernsthaft und zielbewusst das philosophische Streben aus; während man heutzutage unter dem imitirten Ausdruck »das Wesen des Judentums« nicht mit methodischer Klarheit das Problem bestimmt. Die Philosophie des Judentums ist das Wesen des Judentums; und ohne Philosophie lässt sich dieses Wesen nicht fassen. Ob es möglich ist, das Wesen des Christentums ohne philosophische Sachkenntniss darzustellen und zu begründen, auf diese Frage wollen wir hier nicht eingehen.

Um so klarer aber muss die Einsicht, und um so lebendiger und dringlicher das Interesse an ihr werden: dass die Fortentwickelung und der Fortbestand des Judentums durch seine philosophische Begründung bedingt ist. Populäre Beleuchtungen können ja ganz nützlich sein; aber sie dürfen niemals die gründliche wissenschaftliche Darstellung ersetzen. In allen Fragen der allgemeinen Kultur muss die Fühlung mit der Philosophie lebendig erhalten werden. Selbst in der Mathematik und den Naturwissenschaften ist dies der Fall; und nicht minder auch in allen Geisteswissenschaften. Immer sind es die allgemeinen logischen und ethischen Probleme, mit denen die dogmatische Formulirung der wissenschaftlichen Grundbegriffe sich auseinanderzusetzen, sich zu verweben hat.

Ist es doch selbst in der Politik nicht anders; auch da sind es die letzten Fragen über die Bestimmung des Menschen im Staatsleben und im Völkerleben welche den eigentlichen, den treibenden Grund der politischen Kämpfe bilden. Wer die politischen Ideen verstehen will, der muss sie miterleben, mitfühlen, mitdurchdenken und durchkämpfen. Was die Politik im Allgemeinen für die Geschichte bedeutet, insofern man die Politik als angewandte Ethik betrachtet, daran kann man die Bedeutung der Philosophie für die Religion sich klar machen.

Wenn anders die Religion den sittlichen Begriff des Menschen aus seinem Verhältniss zum Begriffe Gottes herzuleiten hat, so darf nichts Menschliches ihr fremd bleiben. Alle sittlichen Ideen der Weltgeschichte muss sie in ihren religiösen Ideen entdecken und wiedererkennen. So muss das lebendige Interesse für die Wahrheit und für die Tragkraft der Religion nach allen Richtungen der Kultur zur Dogmatik hintreiben. Die Dogmatik muss diesen innern Zusammenhang der alten Religion mit dem ewig jungen Leben der Kultur durchsichtig machen, und unerschütterlich befestigen.

Ohne die Transparenz der Kultur in ihr giebt es keine Kulturreligion. Und ohne die Dogmatik, welche diese Transparenz darstellt, kann es keine lebendige Religion geben. Der Kultus allein kann die Religion nicht vor Erstarrung schützen; und auch die geschichtliche Erforschung der einzelnen Religionsgebiete vermag denjenigen Grad der Lebendigkeit nicht zu sichern, dessen die Religion in einer modernen Kulturlage durchaus bedarf.

Man kann sich durch eine einfache Betrachtung, die nicht principieller Natur ist, daher am leichtesten zugänglich werden kann, von der Notwendigkeit überzeugen, dass der Sinn für die Dogmatik in unserem religiösen Wesen wieder erweckt werden muss. Daran kann doch wohl ernstlich nicht gezweifelt werden, dass gründliche wissenschaftliche Auseinandersetzung mit dem Christentum, und zwar mit dem Protestantismus, nicht nur als Notwehr unvermeidlich ist; sondern dass sie auch für die Läuterung der religiösen Idee heilsam sein werde. Das bessere Verständniss, welches die neuere Zeit vom Prophetismus ergründet hat, wird von einem der ersten protestantischen Dogmatiker als ein Moment in der Entwickelung des Protestantismus bezeichnet, das er der Erneuerung des Glaubensbegriffs durch die Reformatoren an die Seite stellt.

Allerdings ist diese sich nunmehr verbreitende Einsicht von dem Universalismus der Propheten das Verdienst der protestantischen Kathederwissenschaft, eine Frucht der Bibelkritik. Aber es ist keineswegs schon Alles für die Idee des Prophetismus getan, wenn endlich nun ihr Universalismus anerkannt ist. Der Gegensatz von Messianismus und Eschatologie muss auf dem Grunde dieser gewonnenen Einsicht von der lediglich geschichtlichen Bedeutung der messianischen Idee in aller Schärfe erst aufgestellt, und für alle Probleme der Religion durchgeführt werden.

Das religiöse Bewusstsein, wie es sich in unserer modernen religiösen Literatur widerspiegelt, schwankt zwischen einer gewissen Naivetät und einem Wechsel sentimentaler Stimmungen von Depression zu Exaltation. Am besten fährt man dabei noch mit der Naivetät; sofern man von der Ueberzeugung durchdrungen scheint, dass es eine höhere und festere Sittlichkeit nicht geben könne als die, welche durch den reinen Monotheismus begründet wird; und dass in diesem das Judentum dem Christentum ein für allemal überlegen sei. Unsere Philosophen des Mittelalters haben sich jedoch ihre Aufgabe nicht so leicht gemacht; sie haben mit dem Islam, wie mit dem Christentum, sich gemessen; und sie haben es an Mut und Deutlichkeit nicht fehlen lassen, wo sie die Differenzen formulirten, und die Consequenzen zogen.

Man glaube nur ja nicht, dass eine solche Kritik der christlichen Glaubenslehren eine Verschärfung der ohnehin schon so grossen Spannungen, Gegensätze und Abneiguugen unausweichlich herbeiführen müsse. Das ist keineswegs die notwendige Folge. Wenn nur in einer wahrhaft wissenschaftlichen Tiefe, wie sie durch schulmässige, gründliche philosophische Behandlung bedingt ist, die Kritik der Probleme versucht wird, so wird die Fremdheit und gar die Feindschaft allmählich ganz von selbst in Verständniss, Befreundung und Sympathie übergehen. Das sachliche Urteil wird dadurch um so bestimmter und sicherer, je mehr es von der dunkeln Begleitung der Affecte befreit wird. Das ist ja überall in der Literatur der Segen einer vergleichenden Forschung, dass die Gegensätze ihre groben, äusserlichen Pointen verlieren, dafür aber die tieferen, feineren Motive in begrifflicher Schärfe zur Bestimmung gebracht werden.

Der Unterschied in den Religionen besteht in der verschiedenen Bestimmung der Gottesidee; aus ihr entspringen die sittlichen Differenzen, insoweit sie sich in Bezug auf die Begründung der Sittlichkeit in den Religionen ausprägen. **In der Gottesidee ist nun aber der Widerspruch zwischen Judentum und Christentum unversöhnlich.**

Die jüdische Gottesidee hat zu ihrem ausschliesslichen Inhalte die Sittlichkeit des Menschen. Diese Ausschliesslichkeit des Inhalts kann, bei günstigster Interpretation, der christlichen Idee nicht zugesprochen werden. Dort ist es vielmehr zugleich wenigstens die göttliche Natur, um die es sich handelt. Und da von der göttlichen Natur begreiflicherweise keine Wissenschaft zu erlangen ist, so müssen Complicationen dieser Glaubenslehre mit der Mythologie unausweichlich werden.

Es giebt nur Eine Religion, welche von allen Zaubern der Mythologie sich grundsätzlich frei macht, das ist die Religion der Propheten, das ist die Religion des Judentums. Und der Schlüssel für dieses Geheimniss liegt in dem einfachen Gedanken, dass für den Propheten der **Name Gottes** schlechterdings nichts Anderes besagen und bedeuten soll als die **Bürgschaft des Einzigen Gutes**, nach dem sein Geist verlangt; das ist die Sittlichkeit.

Alle Schrecken und alle wie immer tiefsinnigen Fragen, welche das Rätsel des mythischen Gottes flechten, für des Propheten Geist verlieren sie jedes Interesse. Was Gott selbst sein möge, das interessirt den Propheten nicht; die grossen mythischen Fragen des Schicksals treten zurück; die Seele des Menschen soll der Urheber seiner Geschicke werden. **Die Seele des Menschen ist** daher von Gott gegeben. Der menschlichen Seele wegen regiert und erschafft Gott die Welt. Es kann nicht genug bewundert werden, das grosse schlichte Wort des Propheten: ›er hat Dir verkündet, o Mensch, was gut ist‹. **Das ist der Sinn Gottes, zu sagen, was gut sei für den Menschen.**

Daher entsteht der eigene, ewige Wert der jüdischen Gottesidee: dass sie keine Vermischung mit dem Menschen eingeht. Der Grund des Menschen, des sittlichen Menschen liegt in Gott. Darum kann Gott nicht zugleich Mensch sein. **Die Transscendenz Gottes ist die tiefste Sicherung der Immanenz der menschlichen Sittlichkeit.** Die Immanenz fordert einen absoluten Grund. Dieser aber kann nicht in einem Menschen liegen, von dem doch bei aller Göttlichkeit die empirische Relativität nicht völlig abgelöst werden kann. Nur in Gott, in dem aussermenschlichen Gott liegt der Grund der Sittlichkeit. Das Ideal eines Menschen, als eines Gottmenschen, ist unvereinbar mit dieser Transscendenz, welche daher auch den eigentlichen Sinn und die Bürgschaft der Einheit Gottes bildet.

Das Judentum hat festgehalten an dem grossen Symbol, welches das Grab Mose in der Geschichte seiner Gründung bildet; es hat festgehalten an dem tiefen Worte, mit dem der Pentateuch das Wesen Moses zusammenfasst: »er war sehr bescheiden vor allen Menschen«. Die Keuschheit der Gottesverehrung, welche der Prophet bei der Verkündigung des Guten gefordert hat, ist das Sinnbild, das Vorbild des jüdischen Gottesdienstes geblieben.

Es kann keinem Zweifel unterliegen, dass die protestantische Theologie auch zu diesem Jungbrunnen der prophetischen Gotteslehre sich zurückfinden wird. Es ist ja sehr begreiflich, dass es ihr schwer werden muss; denn hier gilt es, an den Heiligtümern der religiösen Pietät, welche Kunst und Poesie verherrlicht und verinnerlicht haben, strenge sittliche Kritik zu üben. Aber wenn doch die Gottheit Christi nicht mehr schlechthin als Glaubensartikel wissenschaftlich gilt, so kann es nur eine Frage der Zeit sein, bis die Gestalt Jesu ihrer eximirten literarischen Stellung entkleidet, und in Reih und Glied der Lehrer der Menschheit eingestellt wird, wie es die Aufrichtigkeit des 18. Jahrhunderts zu Wege gebracht hat.

Und mit der literarischen Eximirtheit wird alsdann auch die sittliche Vorbildlichkeit ihre Einseitigkeit und ihre Gebundenheit abtun. Man wird nicht mehr für die Grundfragen der modernen sittlichen Kultur in dem Christusbilde mit seinen historischen Ungleichmässigkeiten den unfehlbaren Maasstab suchen, und zu finden glauben. Das wird so kommen, so gewiss die reine sittliche Kultur und die geistige Klärung im Fortschreiten sind.

Zu diesem Fortschritt aber hat unsere Religion, wie

sie es allezeit bewährt hat, einen unentbehrlichen, unersetzlichen Beitrag zu leisten. Die Urkraft unserer Gottesidee und ihr unlösbarer Zusammenhang mit der Sittenlehre muss darum aber viel lebendiger wieder unter uns werden. Es kann nicht in Abrede gestellt werden, dass selbst be Solchen, welche den Abfall verachten, und welche von dem Kulturwert, den unsere Religion gehabt habe, überzeugt sind, dennoch eine freidenkerische Schlaffheit über die Bedeutung der Gottesidee sich ausgebreitet hat.

Man hält sich an dem Gedanken fest, dass die jüdische Sittenlehre der christlichen an Kulturwert zum mindesten nicht nachstehe; und dass es daher schimpflich sei, Diejenigen zu verlassen, mit denen man durch eine Jahrhunderte lange Gemeinschaft des Geistes und des Leidens verbunden ist. Man hält es für schimpflich, das Vorurteil und den Hass Derer durch Abfall und Uebertritt zu bestärken und scheinbar zu bestätigen, welche den sittlichen Wert des Judentums verleumden, und das Recht der Juden an der vaterländischen Kultur verkümmern. Aber weiter möchte man in der Anhänglichkeit an das Judentum nicht gehen; die sittliche Unerschöpflichkeit und daher die Unablösbarkeit der jüdischen Gottesidee erkennt man nicht; für sie hat man das Interesse verloren; ihr gegenüber glaubt man sich auf den Standpunkt der Ethik zu erheben, wenn man sie fallen lässt.

Aus dieser Stimmung, welche weite Kreise unter uns ergriffen hat, erwächst unserer eigenen Glaubensgemeinde eine schwere Gefahr; und diese Gefahr greift in die allgemeine Kultur hinüber. Der Vorgang des Breslauer Chemikers auf der diesjährigen **Naturforscher-Versammlung** hat daher eine typische Bedeutung. Beachten wir zuerst die allgemeine Seite daran.

Die **Weltanschauung** wollte dieser Naturforscher darstellen. Die Weltanschauung aber ist die höchste Aufgabe der Philosophie. Es sind gefährliche **Parteileute** innerhalb der Philosophie, welche die Weltanschauung an die Religion überantworten wollen. Die Philosophie hat ihre schwere Not damit, die Uebergriffe der Religion auf die Weltanschauung zurückzuschlagen, und zugleich jene philosophische Verräterei abzuwehren. Da kommt nun ein Naturforscher, der keinen Unterschied macht zwischen der philosophischen Behandlung von Gott und Seele, wie sie die Geschichte der Philosophie durchzieht, und der Fixirung dieser Begriffe im Katechismus; der durchaus nicht merken lässt, dass er die philosophische Geschichte dieser Probleme versteht, oder auch nur kennt. Was wird die Folge sein, welche die Gegner der geistigen Freiheit daraus ableiten?

Man wird sagen, dass ein solches Resultat unausweichlich sei, wenn man der Wissenschaft — und dabei wird nicht die Chemie in Frage kommen; denn für diese bleibt die Frage ja eine unverkennbare Anmaassung — also wenn man der Philosophie das Problem der Weltanschauung anheimgiebt, und es nicht vielmehr als das Mysterium der Religion festhält. So wird durch ein solches Verfahren, von einem staatlich autorisirten Gelehrten der Gottesidee gegenüber geübt, der Obscurantismus gekräftigt; in den Vorwänden seines Rechtes bestärkt.

Und ein solcher Mann ist aus unserer Gemeinde hervorgegangen, innerhalb unserer Gemeinde zum Gelehrten, mit der vollen staatlichen Anerkennung eines Solchen aufgewachsen. Trifft uns nicht auch dabei eine Mitschuld? Können wir uns mit dem Umstande trösten, dass ein Mann von dieser Religiosität zugleich die Sittlichkeit markirt hat, welche im Allgemeinen heutzutage für den Uebertritt charakteristisch ist? Es handelt sich nicht um den Mann für uns, noch um diese ganze Klasse der Convertiten, welche aus dem Gesichtspunkte der Statistik in eine symptomatische Gruppe zu ordnen sind; sondern an uns selbst haben wir die Frage zu richten: wie es kommen konnte, dass die Sittlichkeit unter uns so schlaff geworden; dass ihr unlöslicher Zusammenhang mit dem reinen jüdischen Monotheismus im Bewusstsein unserer Gebildeten, unserer Gelehrten selbst so verhängnissvoll gelockert wurde.

Hiergegen soll unsere Anregung den Weg der Abhilfe zeigen. Wir sollen uns nicht des Bekenntnisses zu dem Gotte Israels, zu der Gottesidee Israels schämen. Wir sollen uns nicht der modernen Oberflächlichkeit hingeben, welche den Gottesbegriff überhaupt für einen alten überwundenen Aberglauben hält. Die genauere Bedeutung, welche wir von der jüdischen Gottesidee wieder zu gewinnen haben, soll uns zu der Einsicht bringen, dass man den Gottesbegriff nur in seinen speciellen Gestaltungen beurteilen darf.

Wenn wir der jüdischen Glaubenslehre ein erneutes, verjüngtes Studium zuwenden werden, so wird sich die Ueberzeugung erwecken lassen, dass die jüdische Gottesidee in einem lebendigen Zusammenhange mit der reinen wissenschaftlichen Ethik steht; dass die Ethik ein Torso bleibt, wenn der Gottesbegriff von ihr abgetrennt wird. Diese Einsicht zu begründen, ist Sache der Philosophie, der philosophischen Ethik.

Das ist der grundsätzliche Fehler in den neueren Bestrebungen der sogenannten Ethischen Kultur, mit denen man insofern sympathisiren zu können meint, als sie aus den verschiedensten Lagern die Menschen zusammenführen, und für das selbstverständlich Sittliche zu vereinigen suchen.

Aber diese Selbstverständlichkeit ist schon die grosse Frage. Wie weit reicht diese Evidenz des Sittlichen? Giebt sie uns die ausreichenden Directiven für die Collisionen und Conflicte des politischen, des socialen Daseins? Wäre dies der Fall, so wäre dann allerdings die wissenschaftliche Ethik überflüssig. Sie könnte dann nur eine Casuistik schaffen, wo die menschliche Moral nur evidente Wahrheiten und unfehlbare Leitgedanken besitzt.

Die Philosophie verlöre damit ihren Mittelpunkt; ihrem System würde das Herz herausgerissen.

Daher kommt unsere Anregung auch der Philosophie zu Gute. Sie lehrt die Abkehr von dem selbstgefälligen Dilettantismus, der der schulmässigen Philosophie sich entschlagen zu dürfen glaubt. **Ethik und Religionsphilosophie gehören für die Wissenschaft des Judentums zusammen.**

Die philosophische Ethik selbst kann der Religion entbehren; sie geht ihre eigenen selbständigen Wege. Aber die Religion muss ihre Glaubenslehre mit der Sittenlehre verbinden; nur dadurch erzeugt sie Religionsphilosophie; und dem Judentum ist dieser Weg durch seine ganze innere Geschichte, wie durch den reinen Inhalt der prophetischen Gottesidee vorgezeichnet.

Nur sittliche Attribute dürfen von Gott angenommen und unterschieden werden. So bestimmt es der **Talmud**; so lehrt und begründet es Maimonides. Von Gottes Wesen darf uns nur das interessiren, was wir für die Ethik brauchen. Diese Lehre des **Maimonides** hat in der Frührenaissance grossen Eindruck gemacht; auf sie beruft sich der erste wissenschaftliche deutsche Philosoph, der Cardina **Nicolaus von Cues**. Damit ist auch die Richtung im Einklang, durch welche **Kant** die protestantische Theologie vertieft hat, indem er sie als Ethiko-Theologie forderte; als Gotteslehre, gegründet auf Ethik; nicht umgekehrt.

So sehen wir denn, dass es kein neuer Schwerpunkt ist, den wir gelegt wissen möchten; geschweige, dass es ein fremdartiger und ein der geistig-sittlichen Kultur entlegener, oder gar ihr widerstrebender wäre, dessen Anerkennung und Durchführung wir hier fordern. **Jude sein heisst, als den Grund des Daseins, als den Halt der Welt den einig einzigen Gott bekennen.** Das ist der Kern der Sache; das ist auch das einzige Herz der Sache.

Man täusche sich nicht, als ob die jüdische Sache noch einen andern Herzpunkt hätte, oder haben könnte und dürfte. Hier ist jede Vergleichung der Principien und jede Abschätzung der Motive vom Uebel. Israels Recht auf geschichtliches Dasein steht und fällt mit seinem einig einzigen Gotte. Wessen Kopf nicht durchleuchtet ist von diesem Grundgedanken, der kann Mancherlei von jüdischer Art geistig und sittlich besitzen; es fehlt seinem Wesen aber der Schwerpunkt.

Daher muss die Existenz des Juden in der modernen Kultur haltlos, schwankend, zweideutig werden, wenn nicht dieser Leitstern aus allem seinem Denken, Fühlen und Handeln hervorleuchtet; dass er mit ganzer Seele an den Gott der Geschichte glaubt, den die Propheten offenbart haben. Der Gott Israels ist in der messianischen Idee zur Offenbarung gekommen; er ist der Gott der Weltgeschichte. Dies ist die Wurzel unseres Glaubens; und es ist die Quelle unserer Ethik.

Dass der jüdische Gott der Gott der Geschichte ist, das ist der Grund dafür, dass Ethik und Religionsphilosophie keinen Gegensatz bei uns bilden, sondern zusammengehören, einander fordern. Denn die Ethik ist die Logik der Geschichte. Sie fordert den Gott der Geschichte.

Diese Beleuchtung und Begründung der Gottesidee erfordert aber einen selbstständigen ganzen Mann, als Vertreter seines Fachs. Dazu bedarf es gründlicher Quellenstudien im Gesamtgebiete der Geschichte der Philosophie; und zugleich einer fachmässigen Beherrschung der systematischen Philosophie; denn die Ethik muss auf Logik gegründet sein.

Auch hier kann uns schon das Beispiel unserer Alten leiten; und vor dem Vorurteil schützen, als ob diese Forderung nicht zu befriedigen wäre. Sie haben Logik und Mathematik in ihren Grundlegungen der Dogmatik und der Ethik herangezogen; sie haben die logischen

Prinzipien der mathematischen und der Naturerkenntniss gründlich erwogen; und sie haben auch die andersgläubigen Autoren neben Talmud und Midrasch eingehend berücksichtigt. Wenn in dieser lebendigen, das allgemeine Leben der Kultur beachtenden Gründlichkeit und Unbefangenheit die jüdische Glaubenslehre wieder gelehrt werden wird, dann werden Werke entstehen, die sich in der christlichen Welt die Achtung erzwingen werden. Die Wahrheit braucht nicht betteln zu gehen; es kann ihr der Weg sehr schwer und sehr sauer gemacht werden; endlich aber muss sie doch zur Anerkennung kommen. Dem messianischen Gemüte geziemt kein kleinmütiger Pessimismus.

Dieser geschichtlichen Anerkennung gemäss wird aber auch von solchen wissenschaftlichen Arbeiten aus das allgemeine geistige, ja auch das politische Ansehen unserer Sondergemeinschaft ein ganz anderes werden. Es muss alsdann die Meinung verschwinden, als ob wir in eine Sackgasse geraten wären, und uns nun aus einem gewissen anerkennenswerten Ehrgefühle in einem Schmollwinkel festgelegt hätten. Man wird dann den Kulturwert des Judentums, seiner Gottesidee und seiner Ethik, seiner Ethik auf dem Grunde seiner Gottesidee begreifen lernen und dankbar anerkennen. Dann bedarf es keiner Duldsamkeit mehr für unsere Absonderlichkeit; die Toleranz wird eine Consequenz der theoretischen Kultur werden.

Nur einige Gedanken sollten hier ausgesprochen werden, um den Antrag zu begründen, von dessen Verwirklichung ein neuer Aufschwung des religiösen Denkens und Lebens im Judentum erhofft werden darf. Es geht ein ärgerlicher Streit auch durch unsere Reihen, der zumal in der heutigen Zeit der Bedrängniss sehr betrübend ist. Aber aus der Bedrängniss heraus wird freilich auch der Streit selbst in milderem Lichte erscheinen. Man wacht ängstlicher und eifriger über die Erhaltung eines Gutes, wenn es von schweren Gefahren bedroht wird.

Es giebt nun kein anderes Mittel, die Alten und die Neuen im Judentume innerlich zu verbinden, als welches in den geistigen Gütern des Judentums selbst gelegen ist. Die Alten hüten und pflegen das rabbinische Schrifttum, dessen innerem Leben die Neuen entwachsen sind. Mögen sie daher in der Förderung des literarischen Gutes den Alten die Hand reichen; dass die Kenntniss und das Studium, das ganze innerliche Studium des rabbinischen Schrifttums nicht aufhöre in Israel; dass die Quellen nicht versiegen, aus denen sich in der ganzen bisherigen Geschichte stets von Neuem das jüdische Leben und Denken gekräftigt, gerüstet, beseelt hat.

Einen Teil dieses Schrifttums aber bildet die Religionsphilosophie. In ihr treten die Satzungen zurück hinter die Ideen. Je mehr in dem Gottesdienste der Neuen die Ideen den Vorrang gewinnen über die Satzungen, desto grösser, desto dringlicher wird für sie die Verpflichtung, alle Kraft der wissenschaftlichen Arbeit auf die Ideen zu lenken. Hier soll man nicht glauben, bei homiletischen Gemeinplätzen es bewenden lassen zu dürfen; gerade die **Predigt** bedarf der Vertiefung und der Belebung durch die Ideen, die nicht etwa eine abstracte Verödung, sondern eine Vergeistigung, eine Verinnerlichung herbeiführen, wie solche immer die natürliche Folge wahrhafter Erkenntniss ist. Mit aller Demut muss man an diesem zarten Punkte Selbstkritik an sich üben lernen, aus Ehrfurcht vor der Sache, vor dem unerschöpflichen Werte unserer Ideen.

Und wenn dieser wissenschaftliche Eifer aus den Werken und aus den Taten der Neuen sprechen wird, dann wird diese wissenschaftliche Gesinnung sich zugleich als die wahrhaft religiöse bezeugen. Vor solchem Ernste der Ueberzeugung des Glaubens an die Ideen wird der einseitigste Alte **Respect** empfinden; und dieser **Respect** wird die Alten und die Neuen unter uns inniger, kräftiger, wahrhafter verbinden als der Affect des gemeinsamen Leidens, oder gar die Einbildung von einer Racengemeinschaft, die ein fremder Blutstropfen ist in dem prophetischen Blute des messianischen Juden.

Das wäre denn kein geringer Nebengewinn, der aus dem Verfolg dieser Sache, die zunächst eine Sache der Wissenschaft ist, unausbleiblich entstehen würde. Das dürfen wir hoffen; denn echte Religionsphilosophie hat immer Epoche gemacht in unserer geistigen Geschichte. Konnte doch sogar das Wort entstehen, welches Maimonides mit dem Unvergleichlichen, mit Mose verknüpft. So tief hat man die Erneuerung gewürdigt, welche der »Führer der Verirrten« dem Judentum geschaffen hat.

Alle Richtungen, alle Verzweigungen des Gesamtgebietes des Judentums müssen ihre Einheit haben in der jüdischen Gottesidee. Sie ist der Grund der Glaubens- wie der Sittenlehre. Daher muss die selbstständige, fachmässige Vertretung der Ethik und Religionsphilosophie den Mittelpunkt unseres Lehrwesens bilden; wie sie auch den Mittelpunkt aller unserer Bestrebungen zur Förderung der Wissenschaft des Judentums bilden muss.

PLEASE DO NOT REMOVE
CARDS OR SLIPS FROM THIS POCKET

UNIVERSITY OF TORONTO LIBRARY

BRIEF
BJ
0016404